TOM BEKOMMT EINEN HUND

Texte: Ruth Jellinghaus,
Illustrationen: Eberhard Platte

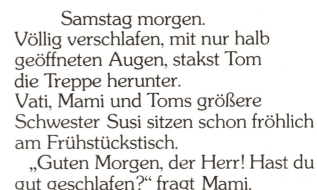

Samstag morgen.
Völlig verschlafen, mit nur halb geöffneten Augen, stakst Tom die Treppe herunter.
Vati, Mami und Toms größere Schwester Susi sitzen schon fröhlich am Frühstückstisch.

„Guten Morgen, der Herr! Hast du gut geschlafen?" fragt Mami.

„Hmm." knurrt Tom.

„Heute scheint so schön die Sonne, könnten wir nicht etwas unternehmen?" meint Susi.

Vati schmunzelt:
„Wie wär's mit einem Ausflug?"

„Au, prima! Ja das wollen wir machen!"

„Fahren wir mit dem Auto?" Tom ist schlagartig munter. „Fahren wir zum Hundezwinger, ja?" bettelt er.

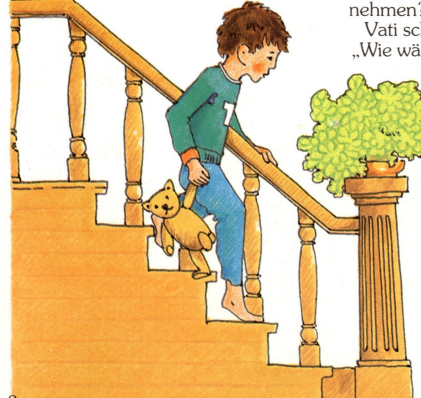

„Och, nein; lieber in den Wald!" mault Susi.

„Nun, wir können ja beides miteinander verbinden: Wir fahren nach dem Frühstück zuerst noch etwas einkaufen, dann zum Hundezwinger und machen über Mittag Picknick im Wald", schlägt Vati vor.

Alle stimmen begeistert zu.

Nachdem das Frühstück beendet ist, geht's ans Packen. Jeder bringt etwas zum Auto.

Tom schleppt seinen Teddy, seinen Stoffhund und den großen Lastwagen an. Auch der Fußball muß mit.
„Das reicht aber, Tom! Sonst haben wir keinen Platz mehr für Mamis großen Picknick-Korb mit all den leckeren Sachen", sagt Vati ganz bestimmt.
Tom weiß genau, bei diesem Tonfall von Vati ist nichts mehr zu machen. Er klettert in seinen Sitz.

Waldi, seinen Stoffhund, hat er im Arm. Er liebt Hunde über alles.
Die Fahrt geht los.
Nachdem sie den Wocheneinkauf gemacht haben, fahren sie hinaus Richtung Stadtrand.

Tom ist ganz aufgeregt.
Endlich darf er die Hunde wiedersehen! Schon von weitem hört man sie bellen.

Tom springt als erster aus dem Auto. Er läuft von einem Käfig zum anderen.
Wie viele Hunde sind da zu sehen.

Schäferhunde, Boxer, Pudel, Dackel.

Da vorne ist ein niedlicher gefleckter Hund, ein Cockerspaniel. Er hat die typischen langen Ohren. Sie sehen fast aus wie Zöpfe.

Tom kann sich kaum von dem jungen Hund trennen. Am liebsten würde er ihn mitnehmen. Aber das geht natürlich nicht.

Auch der Hund scheint Tom zu mögen. Er winselt hinter Tom her, als sie wieder einsteigen.

Im Auto läßt er Vati und Mami keine Ruhe. „Darf ich den Hund haben? Bitte, ich möchte soo gerne den Hund! Wir haben doch einen Garten am Haus! Da könnte ich mit ihm spielen! Bitte, bitte!" bettelt Tom unaufhörlich.

Trotz der langen Wanderung und den schönen Spielen, die sie alle zusammen im Wald machen, vergißt er den kleinen Hund nicht.

Als Mami ihn am Abend zu Bett bringt, beten sie noch miteinander, wie sie es an jedem Abend tun. Sie danken dem Herrn Jesus für all das, was sie am Tag erlebt haben.
Heute betet Tom: „Lieber Herr Jesus, ich danke dir für den schönen Tag und bitte, schenk mir doch den kleinen Hund. Amen!"

Nach dem Gutenachtkuß und dem gemeinsamen Lied geht Mami still hinaus. Als Tom eingeschlafen ist, spricht sie mit Vati darüber.

Das muß gut überlegt sein, denn ein Tier ist ja nicht wie ein Spielzeug, das man einfach weglegen kann, wenn man es leid ist. Und ist Tom nicht noch zu klein, um für solch einen kleinen Hund zu sorgen? Das bedeutet dann also auch für die Mutter mehr Arbeit.

Doch nach reiflicher Überlegung beschließen sie, Tom den Hund zu kaufen.

Als Tom am Montagabend seinen Vati begrüßen will, bleibt er wie gelähmt stehen.

Er guckt und guckt und rührt sich nicht von der Stelle.

Plötzlich laufen ihm die Tränen über das Gesicht: „Vati, ich freue mich ja so! Ich habe dich ja soo lieb! Oh, Vati! Mein kleiner Hund!"

Dann endlich nimmt Tom den kleinen Hund auf den Arm. „Er soll Stupsi heißen!"

Im Haus herrscht große Aufregung. Mami und Susi müssen den kleinen Stupsi eingehend betrachten.

Tom setzt ihn auf den Boden. Sogleich versucht Stupsi, die neue Umgebung zu erforschen.

Aber er kommt immer wieder zu Tom zurück. Er prüft, ob Tom noch da ist. Die beiden haben echte Freundschaft geschlossen.

Nachdem Stupsi genügend bestaunt worden ist, meint Vati: „Jetzt braucht Stupsi allerlei Dinge, z. B. ein Körbchen, damit er weiß, wo er schlafen soll. Dann fehlt ein Teller für Wasser und ein Napf für sein Futter. Er braucht ein Halsband und eine Leine!"

In der Zwischenzeit hat Stupsi einen kleinen See in der Küche hinterlassen. Mami ist entsetzt.

Aber schließlich ist Stupsi noch ein junger Hund und noch nicht stubenrein. Er muß noch viel lernen.

Tom wird ihm alles zeigen.

In der ersten Nacht bekommen Mami und Vati nicht viel Schlaf. Stupsi ist die Umgebung fremd. Er will nicht in seinem Körbchen bleiben und winselt.

Sie beruhigen ihn abwechselnd, bis er wieder einschläft.

Er muß erst lernen, daß das Körbchen sein Bett ist.

Am nächsten Morgen wird Tom ausgiebig von Stupsi begrüßt. Immer wieder springt Stupsi an ihm hoch und bellt. Das kleine Schwänzchen wedelt vor Freude hin und her.

Bald schon weiß Stupsi, daß er an der Tür sitzen muß, um hinausgelassen zu werden. Wenn nicht gleich jemand kommt, bellt er ganz kurz.

Er ist schnell stubenrein. Zur Belohnung gibt es einen Hundedrops.

Im Garten darf er nur seinen Knochen vergraben, aber nicht überall buddeln. Dann ruft Tom: „Stupsi, aus! Nein!"

Bald kennt der Hund diese Laute ganz genau. So meint Tom: „Stupsi versteht jedes Wort, das ich mit ihm spreche!" Stupsi folgt Tom auf Schritt und Tritt.

Ist Tom im Kindergarten, sitzt er unbeweglich vor der Haustür und wartet auf seine Rückkehr. Die Begrüßung gleicht jedes Mal einem kleinen Fest.

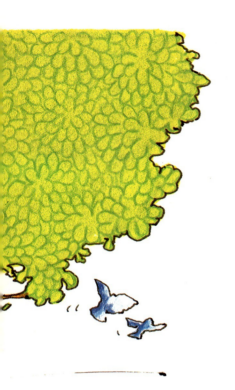

Eines Tages wirft Tom einen Stein auf die Wiese hinter ihrem Garten. Ehe er sich's versieht, hat Stupsi den Stein gefunden und wieder zurückgetragen. Er legt ihn vor Toms Fuß.

Oh, das will Tom gleich noch einmal probieren! Und wieder bringt Stupsi den Stein vor Toms Fuß.

So haben die beiden ein neues Spiel gefunden, das sie noch sehr oft spielen.

Stupsi gehorcht gut! Daher wagt Tom es, ihn mit in seine Bude zu nehmen.

Sie kriechen durch das Loch in der Hecke, schleichen am Feld des Bauern entlang bis zum nahen Waldrand. Dort in einem Baum hat Vati ihm eine Bude zurechtgezimmert.

Stupsi muß erst alle Ecken und Winkel beschnuppern. Dann legt er sich zufrieden zu Toms Füßen nieder.

Bald kommen Toms Freunde. Sie staunen, als sie dort einen Hund vorfinden. Schnell wird Freundschaft geschlossen. Stupsi akzeptiert alle Freunde von Tom. Alles, was zu Tom gehört, findet Stupsi gut und richtig.

Am Abend kommen Tom und Stupsi hungrig und müde nach Hause.

Stupsi hat sich sehr schmutzig gemacht. Daher sagt Mami: „Was denkst du, Tom? Ich glaube, es wäre an der Zeit, ihn zu baden!"

„Baden?" fragt Tom ganz erstaunt. „Natürlich! Auch Hunde müssen von Zeit zu Zeit baden. Danach wird das Fell tüchtig gebürstet, damit es schön glänzt!" erklärt Mami ihm.

Tom tanzt ganz aufgeregt im Badezimmer herum. Stupsi in der Badewanne! Das ist eine tolle Sache!

Stupsi mag es allerdings nicht so gerne, daher gibt es eine kleine Wasserschlacht.

Am Ende trieft nicht nur Stupsi, sondern auch Tom; und das ganze Badezimmer schwimmt.

Mami fönt Stupsis Fell trocken. Tom nimmt die Hundebürste und bürstet endlos lange an dem schönen Fell.

Das gefällt Stupsi gut!

Nun kennt Stupsi sich schon ein wenig in der Umgebung aus. Mami läßt ihn vormittags allein in den Garten. Wenn er wieder hinein will, wartet er geduldig an der Tür. Kommt Tom aus dem Kindergarten, läuft ihm Stupsi gleich entgegen.

Doch eines Tages ist Stupsi nirgends zu sehen. Toms erste Frage lautet: „Mami, wo ist Stupsi?"

„Im Garten, denke ich!" ist die Antwort.

Tom läuft in den Garten und sucht überall: „Stupsi, Stupsi!"
Kein Stupsi weit und breit!
Tom wird ganz nervös.
Mami kommt hinausgelaufen:
„Nun, wo ist er?"
„Er ist fort, Mami! Mein Stupsi ist fort!"
Tom fängt an zu weinen.
„Na, na; wir werden ihn schon finden!"
Mami tröstet Tom.
Nun suchen sie gemeinsam.
Als Susi aus der Schule kommt, schließt sie sich an.
„Stupsi, Stupsi komm! Stupsi, hierher!"
Sie rufen, pfeifen und schauen überall nach.
Stupsi ist nirgends zu finden; nicht im Wald, nicht in der Bude und auch nicht im Garten.

Tom wird immer stiller.
Er setzt sich in eine Ecke und weint bitterlich.

Dort findet ihn Vati.
Er nimmt Tom in den Arm und wiegt ihn hin und her.

Als Tom sich etwas beruhigt hat, sagt Vati zu ihm: „Wir haben alles getan, was wir konnten. Wir haben überall gesucht. Wir haben ihn gerufen. Nur eines haben wir vergessen!
Wir dürfen den Herrn Jesus um Hilfe bitten, daß wir Stupsi wiederfinden!"

So kommen Mami und Susi hinzu. Gemeinsam beten sie und bitten den Herrn Jesus um seine Hilfe bei der Suche.

Mit neuem Mut und neuer Hoffnung im Herzen zieht Tom noch einmal los.

Nach einiger Zeit findet er ihn, mitten im Feld versteckt.
Da sitzt Stupsi seelenruhig.

Toms Freude ist riesengroß.
Er nimmt Stupsi auf den Arm und hält ihn ganz fest.

„Stupsi, mein Stupsi! Endlich habe ich dich wiedergefunden! Wo warst du nur die ganze Zeit? Warum bist du weggelaufen?
Du mußt doch immer bei mir bleiben!"

Tom ist ganz erleichtert und überglücklich. Aber dieses Erlebnis läßt ihn nicht los. Immer wieder spricht er davon.

Auch beim Abendessen sprechen Vati, Mami, Susi und Tom darüber.

„Warum ist Stupsi weggelaufen?" fragt Tom.

„Ja, warum? Vielleicht glaubte er, woanders etwas Besseres und Schöneres zu finden!" antwortet Vati.

„Vielleicht ging es ihm wie uns Menschen oft. Wir Menschen sind auch immer auf der Suche nach etwas Besserem. Doch das Beste, was wir haben können, ist der Herr Jesus! Ob wir wohl immer bei ihm bleiben? Leider laufen wir ihm auch manchmal fort!" gibt Mami zu bedenken.

Tom prustet los:
„Wie geht das denn? Wir sind doch keine Hunde!"

„Das nicht! Aber wir können gehorsam oder ungehorsam sein. Wir können folgen oder weglaufen!" bestätigt Vati.

„Aber wir können ihm doch gar nicht weglaufen. Der Herr Jesus sieht uns doch überall!" überlegt Susi.

„Sicher! Er sieht uns überall, ob wir weggelaufen sind oder etwas tun, was ihm nicht gefällt. Wir konnten nicht sehen, wo Stupsi war und was er dort gemacht hat. Der Herr Jesus sieht aber alles!" sagt Vati.

„Bist du sicher?"
fragt Tom ungläubig.

„Ganz sicher!"
bekräftigt Vati das Gesagte.

„Und wie merke ich, daß ich etwas tue, was ihm nicht gefällt?" fragt Susi nachdenklich.

„Dein Herz fängt dann ganz doll an zu klopfen. Du weißt genau: ‚Eigentlich dürfte ich das nicht!' Dann kannst du selbst entscheiden, ob du gehorsam oder folgsam bist, oder nicht! Der Herr Jesus wird sich je nach deiner Entscheidung freuen oder traurig sein!" gibt Mami zur Antwort.

„Weint er dann auch so wie ich, als Stupsi weggelaufen war?" will Tom wissen.

„Ja, ich denke schon!" sagt Mami.

„Mami, das möchte ich aber nicht! Ich habe den Herrn Jesus doch lieb!" ruft Tom.

„Dann achte immer auf dein kleines Herz! Höre genau hin, ob es stark klopft und dich warnen will. So weißt du bald, was du tun sollst, damit der Herr Jesus sich freut und nicht traurig ist. Er hat uns nämlich auch lieb!" fordert Vati ihn auf.

„Das ist toll! Und helfen kann er auch, sonst hätten wir Stupsi sicher nicht wiedergefunden! Ich möchte immer gehorsam sein!" freut sich Tom.

„Und wenn wir einmal ungehorsam waren, brauchen wir nicht zu verzweifeln. Wir dürfen ihn um Verzeihung bitten!"

Susi ist sehr erleichtert: „Da bin ich aber froh, Mami! Manchmal ist das Gehorchen nicht so leicht. Ich weiß nicht, ob es mir immer gelingt!"

„Du kannst es auf jeden Fall versuchen!" ermuntert Mami sie.
„Das will ich auch!" sagt Susi ganz fest.
„Und ich auch!" bekräftigt Tom. Er hat es sich ganz fest vorgenommen.